ÉDIT DU ROI,

Concernant ceux qui ne font pas profession de la Religion Catholique.

Donné à Versailles au mois de Novembre 1787.

Regiftré en Parlement le 29 Janvier 1788.

LOUIS, par la grace de Dieu, Roi de France & de Navarre : A tous préfens & à venir ; SALUT. Lorfque Louis XIV défendit folemnellement dans tous les Pays & Terres de fon obéiffance, l'exercice public de toute autre Religion que la Religion Catholique, l'efpoir d'amener fes Peuples à l'unité fi defirable du même culte, foutenu par de trompeufes apparences de converfions, empêcha ce grand Roi de fuivre le plan qu'il avoit formé dans fes Confeils, pour conftater légalement l'état civil de ceux de fes Sujets qui ne pouvoient pas être admis aux Sacremens de l'Eglife ; à l'exemple de nos auguftes Prédéceffeurs, Nous favoriferons toujours, de tout notre pouvoir, les moyens d'inftruction & de perfuafion qui tendront à lier tous nos Sujets par la profeffion commune de l'ancienne foi de notre

A

Royaume, & Nous proscrirons, avec la plus sévere attention, toutes ces voies de violence, qui sont aussi contraires aux principes de la raison & de l'humanité, qu'au véritable esprit du Christianisme. Mais, en attendant que la divine Providence béniffe nos efforts & opere cette heureuse révolution, notre justice & l'intérêt de notre Royaume ne nous permettent pas d'exclure plus long-tems, des droits de l'état civil, ceux de nos Sujets ou des Etrangers domiciliés dans notre Empire, qui ne profeffent point la Religion Catholique. Une affez longue expérience a démontré que ces épreuves rigoureuses étoient insuffisantes pour les convertir : nous ne devons donc plus souffrir que nos Loix les puniffent inutilement du malheur de leur naiffance, en les privant des droits que la nature ne cesse de réclamer en leur faveur. Nous avons considéré que les Proteftans, ainsi dépouillés de toute existence légale, étoient placés dans l'alternative inévitable, ou de profaner les Sacremens par des converfions simulées, ou de compromettre l'état de leurs enfans, en contractant des mariages frappés d'avance de nullité par la Légiflation de notre Royaume. Les Ordonnances ont même suppofé qu'il n'y avoit plus que des Catholiques dans nos Etats; & cette fiction, aujourd'hui inadmiffible, a fervi de motif au filence de la Loi, qui n'auroit pu reconnoître en France des Profélytes d'une autre croyance, fans les profcrire des Terres de notre domination, ou fans pourvoir

(3)

auffi-tôt à leur état civil. Des principes fi contraires à la profpérité & à la tranquillité de
notre Royaume , auroient multiplié les émi-
grations , & auroient excité des troubles con-
tinuels dans les familles , fi nous n'avions pas
profité provifoirement de la Jurifprudence de
nos Tribunaux , pour écarter les collatéraux
avides qui difputoient aux enfans l'héritage
de leurs peres. Un pareil ordre de chofes fol-
licitoit depuis long - tems notre autorité de
mettre un terme à ces dangereufes contradic-
tions entre les droits de la nature & les difpo-
fitions de la Loi. Nous avons voulu procéder à
cet examen avec toute la maturité qu'exigeoit
l'importance de la décifion. Notre réfolution
étoit déja arrêtée dans nos Confeils , & nous
nous propofions d'en méditer encore quelque
tems la forme légale ; mais les circonftances
nous ont paru propres à multiplier les avantages
que nous efpérons de recueillir de notre nou-
velle Loi , & nous ont déterminés à hâter le
moment de la publier. S'il n'eft pas en notre
pouvoir d'empêcher qu'il n'y ait différentes Sec-
tes dans nos Etats , nous ne fouffrirons jamais
qu'elles puiffent y être une fource de difcorde
entre nos Sujets. Nous avons pris les mefures
les plus efficaces pour prévenir de funeftes
affociations. La Religion Catholique que nous
avons le bonheur de profeffer , jouira , feule dans
notre Royaume , des droits & des honneurs du
culte public , tandis que nos autres Sujets non-
Catholiques , privés de toute influence fur l'or-

dre établi dans nos Etats , déclarés d'avance &
à jamais incapables de faire corps dans notre
Royaume, foumis à la police ordinaire pour l'ob-
fervation des Fêtes , ne tiendront de la Loi que
ce que le droit naturel ne nous permet pas de
leur refuser , de faire conftater leurs naiffances,
leurs mariages & leurs morts, afin de jouir ,
comme tous nos autres Sujets, des effets civils
qui en réfultent. A CES CAUSES, & autres à ce
nous mouvant, de l'avis de notre Conſeil & de
notre certaine fcience, pleine puiffance & autorité royale, nous avons dit, ftatué & or-
donné , & par notre préfent Edit perpétuel &
irrévocable, difons, ftatuons & ordonnons ce
qui fuit :

ARTICLE PREMIER.

LA Religion Catholique , Apoftolique &
Romaine continuera de jouir feule, dans notre
Royaume, du culte public, & la naiffance, le
mariage & la mort de ceux de nos Sujets qui
la profeffent, ne pourront, dans aucun cas,
être conftatés que fuivant les rits & ufages de
ladite Religion autorifés par nos Ordonnances.

Permettons néanmoins à ceux de nos Sujets
qui profeffent une autre Religion que la Religion Catholique, Apoftolique & Romaine, foit
qu'ils foient actuellement domiciliés dans nos
Etats, foit qu'ils viennent s'y établir dans la
fuite, d'y jouir de tous les biens & droits qui
peuvent ou pourront leur appartenir à titre de

(5)

propriété ou à titre succeffif, & d'y exercer leurs commerces, arts, métiers & profeffions, fans que, fous prétexte de leur Religion, ils puiffent y être troublés ni inquiétés.

Exceptons néanmoins defdites profeffions toutes les Charges de Judicature, ayant provi-fion de Nous ou des Seigneurs, les Municipa-lités érigées en titre d'Office, & ayant fonc-tions de Judicature, & toutes les places qui donnent le droit d'enfeignement public.

I I.

POURRONT en conféquence ceux de nos Sujets ou Etrangers domiciliés dans notre Royaume, qui ne feroient pas de la Religion Catholique, y contracter des mariages dans la forme qui fera ci-après prefcrite; voulons que lefdits mariages puiffent avoir dans l'ordre civil, à l'égard de ceux qui les auront contractés dans ladite forme, & de leurs enfans, les mêmes effets que ceux qui feront contractés & célébrés dans la forme ordinaire par nos Sujets Catho-liques.

I I I.

N'ENTENDONS néanmoins que ceux qui profefferont une Religion différente de la Re-ligion Catholique, puiffent fe regarder comme formant dans notre Royaume un corps, une communauté ou une fociété particuliere, ni qu'ils puiffent, à ce titre, former en nom col-lectif aucune demande, donner aucune procuration, prendre aucune délibération, faire aucune acquisition, ni aucun autre acte quelconque. Faisons très-expresses inhibitions & défenses à tous Juges, Greffiers, Notaires, Procureurs, ou autres Officiers publics, de répondre, recevoir ou signer lesdites demandes, procurations, délibérations ou autres actes, à peine d'interdiction ; & à tous nos Sujets de se dire fondés de pouvoirs desdites prétendues communautés ou sociétés, à peine d'être réputés fauteurs & protecteurs d'assemblées & associations illicites, & comme tels, punis suivant la rigueur des Ordonnances.

I V.

NE pourront non plus ceux qui se prétendroient Ministres ou Pasteurs d'une autre Religion que de la Religion Catholique, prendre ladite qualité dans aucun acte, porter en public un habit différent de celui des autres de ladite Religion, ni s'attribuer aucune prérogative ni distinction ; leur défendons spécialement de s'ingérer à délivrer aucuns certificats de mariages, naissances ou décès, lesquels nous déclarons dès à présent nuls & de nul effet, sans qu'en aucuns cas, nos Juges ni autres puissent y avoir égard.

V.

FAISONS pareillement défenses à tous nos Sujets ou Etrangers demeurant ou voyageant dans nos Etats, de quelque Religion qu'ils puissent

(7)

être, de s'écarter du respect dû à la Religion Catholique & à ses saintes cérémonies, à peine, contre ceux qui se permettroient en public des actions ou des discours qui y seroient contraires, d'être poursuivis & jugés dans toute la rigueur des Ordonnances, & comme le seroient ou devroient l'être en pareil cas ceux de nos Sujets qui professent ladite Religion.

V I.

LEUR enjoignons de se conformer aux Réglemens de Police à l'égard de l'observation des Dimanches & des Fêtes commandées, à l'effet de quoi ne pourront vendre ni étaler, à boutique ouverte, lesdits jours.

V I I.

VOULONS en outre que tous particuliers, de quelque qualité & condition qu'ils soient, établis dans notre Royaume, & qui ne professeroient pas la Religion Catholique, soient tenus de contribuer, comme nos autres Sujets, & à proportion de leurs biens & facultés, aux entretiens, réparations & reconstructions des Eglises Paroissiales, Chapelles, Presbyteres, logemens des Prêtres Séculiers ou Religieux employés à la célébration du Service Divin, & généralement à toutes les charges de cette nature, dont nos Sujets Catholiques peuvent être tenus.

V I I I.

CEUX de nos Sujets ou Etrangers établis dans

notre Royaume depuis un tems fuffifant, qui ne feront pas de la Religion Catholique, & qui voudront s'unir par le lien du mariage, feront tenus de faire publier leurs bans dans le lieu du domicile actuel de chacune des Parties contractantes, dans celui du domicile que lefdites Parties, ou l'une d'elles, auroient quitté depuis fix mois, fi c'est dans l'étendue du même Diocèfe, ou depuis un an, fi elles ont paffé d'un Diocèfe à un autre, & en outre, fi elles font mineures, dans le lieu du domicile de leurs peres, meres, tuteurs ou curateurs.

I X.

IL fera au choix des Parties contractantes de faire faire lefdites publications, ou par les Curés ou Vicaires des lieux où elles devront être faites, ou par les Officiers de Juftice defdits lieux, dans la forme ci-après prefcrite.

X.

LESDITS Curés ou Vicaires, ou ceux qu'ils choifiront pour les remplacer en cas que les Parties s'adreffent à eux, feront lefdites publications à la porte de l'Eglife, fans faire mention de la Religion des Contractans; & en cas que les Parties ayent obtenu difpenfe d'une ou de deux publications, elles feront tenues d'en juftifier auxdits Curés ou Vicaires, lefquels en feront mention; feront lefdites publications, après qu'elles auront été faites, affichées à la porte des Eglifes.

X I.

SERONT audit cas les oppofitions aux Mariages, fignifiées auxdits Curés ou Vicaires, lefquels en feront mention dans le certificat de publication qu'ils délivreront aux Parties dans la forme ordinaire, & pour lequel, ainfi que pour ladite publication, il leur fera payé la rétribution qui fera par nous ci-après fixée.

X I I.

EN cas que les Parties ne jugent pas à propos de s'adreffer auxdits Curés ou Vicaires, ou, en cas de refus defdits Curés ou Vicaires, leurs bans feront publiés les jours de Dimanches ou de Fêtes commandées, à la fortie de la Meffe paroiffiale, par le Greffier de la Juftice principale du lieu, en préfence du Juge, ou de celui qui fera par lui commis ; fera fait mention au bas de l'écrit, qui contiendra les noms & qualités des Parties, de la date de la publication, & fi c'eft la premiere, la feconde ou la troifieme, comme auffi des difpenfes, s'il en a été accordé : le tout fera figné du Juge, ou de l'Officier par lui commis, & du Greffier, & copie lifible en fera de fuite affichée à la porte extérieure de l'Eglife.

X I I I.

DANS le cas de l'article précédent, les oppofitions au Mariage ne pourront être fignifiées qu'au Greffe du Siege, en préfence duquel aura été faite la publication des bans ;

feront tenus les Greffiers de faire mention defdites oppofitions dans les certificats de publications de bans qu'ils délivreront aux Parties, à peine d'interdiction & des dommages-intérêts defdites Parties, & ne pourra, dans tous les cas, la main levée defdites oppofitions être demandée devant d'autres Juges que ceux de nos Bailliages & Sénéchauffées reffortiffant nuement en nos Cours, lefquels y ftatueront en la forme ordinaire, & fauf l'appel en nofdites Cours.

X I V.

NE pourront non plus les déclarations de Mariage, dont il fera ci-après parlé, lorfqu'elles ne feront pas faites pardevant le Curés ou Vicaires, être reçues par aucun autre Juge, que par le premier Officier de la Juftice des lieux, foit royale, foit feigneuriale, dans le reffort duquel fera fitué le domicile de l'une des Parties, ou par celui qui le remplacera en cas d'abfence, à peine de nullité.

X V.

POURRA le premier Officier de nos Bailliages & Sénéchauffées, reffortiffant nuement en nos Cours, & en fe conformant par lui aux Ordonnances du Royaume, accorder dans l'é-tendue de fon reffort à ceux qui ne font pas de la Religion Catholique, des difpenfes de publication de bans, comme & ainfi que les Ordinaires des lieux font en droit & poffeffion de les accorder à ceux qui profeſſent ladite Religion. Pourront encore leſdits Juges accorder les diſpenſes de parenté au-delà du troiſieme degré, & quant aux degrés antérieurs, les diſpenſes ſeront expédiées & ſcellées en notre Grande-Chancellerie, & enregiſtrées ſans frais ès regiſtres des Greffes deſdites Juriſdictions.

X V I.

SOIT que leſdites Parties ayent fait procéder à la publication des bans de leur mariage par les Curés ou Vicaires, ou par les Officiers de Juſtice, il leur ſera loiſible de faire pardevant leſdits Curés ou Vicaires, ou pardevant le premier Officier de Juſtice déſigné en l'article XIV ci-deſſus, la déclaration dudit mariage, en leur rapportant les certificats de ladite publication ſans oppoſition, la main-levée des oppoſitions en cas qu'il y en ait eu, l'expédition des diſpenſes qu'il leur aura été néceſſaire d'obtenir, enſemble le conſentement de leurs peres, meres, tuteurs ou curateurs, comme & ainſi qu'ils ſont requis par nos Ordonnances à l'égard de nos autres Sujets, & ſous les mêmes peines.

X V I I.

POUR faire ladite déclaration, les Parties contractantes ſe tranſporteront, aſſiſtées de quatre témoins, en la maiſon du Curé ou Vicaire du lieu où l'une deſdites Parties aura ſon domicile, ou en celle dudit Juge, & y déclareront qu'elles ſe ſont priſes & ſe prennent en légitime & indissoluble mariage, & qu'elles se promettent fidélité.

X V I I I.

LEDIT Curé ou Vicaire, ou ledit Juge, déclarera aux Parties, au nom de la Loi, qu'elles sont unies en légitime & indissoluble mariage ; inscrira lesdites déclarations sur les deux doubles du registre destiné à cet effet, & fera mention de la publication des bans sans opposition, ou de la main-levée des opposi-tions, s'il y en a eu ; des dispenses, si aucunes ont été accordées du consentement des peres, meres, tuteurs ou curateurs ; signera le tout, & fera signer par les Parties contractantes, si elles savent signer, & par les témoins.

X I X.

EN cas que les Parties contractantes ne soient pas domiciliées l'une & l'autre dans le même lieu , elles pourront s'adresser à celui des Curés ou des Juges ci-dessus désignés, dans la Paroisse ou le ressort duquel sera situé le domicile de l'une desdites Parties qu'elles juge-ront à propos de choisir, pour recevoir leur déclaration ; mais ne pourront lesdits Curés ou Vicaires, ou ledit Juge, recevoir ladite déclaration s'il ne leur appert du consentement du Curé ou du Juge de la Paroisse, ou du domicile de l'autre Partie, en forme de Com-mission rogatoire ; & feront lesdits consente-mens , qui ne pourront être refusés par ceux deſdits Curés , Vicaires ou Juges auxquels ils feront demandés , énoncés & datés dans l'acte de déclaration du mariage.

X X.

Les Curés ou Vicaires auxquels les Parties s'adreſſeront pour recevoir leurs déclarations de mariages , les inſcriront ſur les deux doubles des regiſtres ordinaires des mariages de leurs Paroiſſes ; les Juges , ſur les regiſtres dont il ſera ci-après parlé : & ſera tout ce que deſſus obſervé ſous les mêmes peines que celles prononcées par les Ordonnances , Edits , Déclarations & Réglemens au ſujet des formalités à ſuivre dans les mariages de nos Sujets Catholiques.

X X I.

Et quant aux unions conjugales qu'auroient pu contracter aucuns de nos Sujets ou Etrangers non Catholiques , établis & domiciliés dans notre Royaume , ſans avoir obſervé les formalités preſcrites par nos Ordonnances , voulons & entendons qu'en ſe conformant par eux aux diſpoſitions ſuivantes , dans le terme & eſpace d'une année , à compter du jour de la publication & enregiſtrement de notre préſent Edit dans celle de nos Cours dans le reſſort de laquelle ils feront domiciliés , ils puiſſent acquérir pour eux & leurs enfans la jouiſſance de tous les droits réſultans des mariages légitimes , à compter du jour de leur union , dont ils rapporteront la preuve, & en déclarant le nombre, l'âge & le fexe de leurs enfans.

XXII.

SERONT tenus lefdits époux & époufes de fe préfenter en perfonnes, & affiftés de quatre témoins, devant le Curé ou le Juge Royal du reffort de leur domicile, auxquels ils feront leur déclaration de mariage, qu'ils feront tenus de réitérer dans la même forme devant le Curé ou le Juge du reffort du domicile qu'ils auroient quitté depuis fix mois, fi c'eft dans le même Diocefe ; ou depuis un an, fi c'eft dans un Diocefe différent.

XXIII.

SERONT auffi tenues lefdites Parties, en cas qu'elles foient encore mineures au moment de ladite déclaration, de repréfenter le confente-ment par écrit de leurs peres, meres, tuteurs ou curateurs, duquel les Curés ou Juges feront tenus de faire mention dans l'acte de déclaration de mariage, & fera ledit acte infcrit fur les mêmes regiftres que les déclarations des mariages nouvellement contractés, le tout fous les peines prononcées par l'article XX ci-deffus.

XXIV.

EN cas qu'il s'éleve quelques conteftations au fujet des mariages contractés ou déclarés dans les formes ci-deffus prefcrites, elles feront portées en premiere inftance devant nos Baillis

& Sénéchaux reſſortiſſant nuement en nôs Cours, à l'excluſion de tous autres Juges, & par appel en nos Cours de Parlement & Con-ſeils Supérieurs ; Nous réſervant, au ſurplus, de pourvoir, ainſi qu'il appartiendra, aux effets civils des unions contractées par ceux de nos Sujets ou Etrangers domiciliés dans notre Royaume, non Catholiques, qui ſeroient dé-cédés.

X X V.

La naiſſance des enfans de nos Sujets non Catholiques, & qui auront été mariés ſuivant les formes preſcrites par notre préſent Edit, ſera conſtatée, ſoit par l'acte de leur baptême, s'ils y ſont préſentés, ſoit par la déclaration que feront devant le Juge du lieu le pere & deux témoins domiciliés, ou en ſon abſence quatre témoins auſſi domiciliés, qu'ils ſont chargés par la mere de déclarer que l'enfant eſt né, qu'il a été baptiſé & qu'il a reçu nom.

Si ce n'eſt que l'enfant fût né de pere & mere d'une Secte qui ne reconnoît pas la néceſſité du baptême, auquel cas ceux qui le préſenteront déclareront la naiſſance de l'enfant, la Secte dans laquelle il eſt né, & juſtifieront que le pere & la mere ont été mariés dans la forme preſcrite par le préſent Edit.

X X V I.

Sera ladite déclaration inſcrite ſur les deux doubles des Regiſtres deſtinés à cet effet, ſignée du pere s'il eſt préſent, & s'il fait ſigner, des témoins & du Juge : & feront au furplus obſervées les formalités preſcrites par nos Ordonnances, Edits & Déclarations au ſujet des actes de baptême des enfans nés de peres & meres Catholiques, à peine de nullité.

X X V I I.

ARRIVANT le décès d'un de nos Sujets ou étrangers demeurant ou voyageant dans notre Royaume, auquel la ſépulture eccléſiaſtique ne devra être accordée, feront tenus les Prévôts des Marchands, Maires, Echevins, Capitouls, Syndics ou autres Adminiſtrateurs des villes, bourgs & villages de deſtiner dans chacun deſdits lieux un terrein convenable & décent pour l'inhumation ; enjoignons à nos Procureurs ſur les lieux, & à ceux des Seigneurs, de tenir la main à ce que les lieux deſtinés auxdites inhumations ſoient à l'abri de toute inſulte, comme & ainſi que le ſont ou doivent être ceux deſtinés aux ſépultures de nos Sujets Catholiques.

X X V I I I.

LA déclaration du décès ſera faite par les deux plus proches parens ou voiſins de la perſonne décédée ; & à leur défaut, par notre Procureur ou celui du Seigneur haut-Juſticier dans la Juſtice duquel le décès ſera arrivé, lequel ſera aſſiſté de deux témoins : pourra ladite déclaration de décès être faite, ſoit au Curé ou
Vicaire

Vicaire de la Paroiſſe , ſoit aux Juges , leſquels feront tenus de la recevoir & de l'inſcrire , ſavoir, leſdits Curé ou Vicaire ſur les Regiſtres ordinaires des ſépultures , & le Juge ſur les Regiſtres deſtinés à cet effet , & dont il ſera ci-après parlé ; & ſera ladite déclaration ſignée par celui qui l'aura reçue, par les parens ou voiſins qui l'auront faite , ou à leur défaut , par notre Procureur ou celui du Seigneur , & les deux témoins qu'il aura adminiſtrés.

X X I X.

ENCORE que les parens ou voiſins de la perſonne décédée préferent de faire inſérer la déclaration de décès ſur les Regiſtres de la Paroiſſe , ils ſeront tenus d'en donner avis au Juge du lieu, lequel nommera un Commiſſaire pour aſſiſter à l'inhumation , en cas qu'il n'y aſſiſte pas en perſonne ; & ſera dans tous les cas la déclaration de décès ſignée par le Commiſſaire ou Officier de Juſtice qui aura aſſiſté à l'inhumation.

X X X.

NE ſeront les corps des perſonnes auxquelles la ſépulture eccléſiaſtique ne pourra être accordée , expoſés au-devant des maiſons , comme il ſe pratique à l'égard de ceux qui ſont décédés dans le ſein de l'Égliſe. Pourront les parens & amis de la perſonne décédée accompagner le convoi , mais ſans qu'il leur ſoit permis de

B

chanter ni de réciter des prieres à haute voix;
comme aussi défendons à tous nos Sujets de faire
ou exciter aucun trouble, insulte ou scandale,
lors & à l'occasion desdits convois, à peine
contre les contrevenans d'être poursuivis comme
perturbateurs de l'ordre public.

X X X I.

Pour l'exécution de notre présent Edit, il
sera tenu dans la principale Justice de toutes
les villes, bourgs & villages de notre Royaume,
où il échéra de recevoir les déclarations ci-
dessus prescrites, deux Registres, dont l'un en
papier timbré dans les pays où il est en usage,
& l'autre en papier commun, à l'effet d'y
inscrire lesdites déclarations, & en être, par
le Greffier desdites Justices, délivré des extraits à
ceux qui le requerront, comme & ainsi qu'il
se pratique à l'égard des Registres des Baptêmes,
Mariages & Sépultures, tenus par les Curés ou
Vicaires des Paroisses, & sera le papier desdits
Registres fourni par les Communautés desdites
villes, bourgs & villages.

X X X I I.

Tous les feuillets desdits Registres seront
cotés & paraphés par premier & dernier, par le
premier Officier desdites Justices, sans frais,
déposés aux Greffes desdites Justices, & le
Greffier tenu de les représenter à toute requisi-
tion. Les déclarations de naissances, mariages

& décès, mentionnées au préfent Édit, & dans la forme qui eft ci-deſſus preſcrite, y feront inſcrites de ſuite, & ſans aucuns blancs ; & à la fin de chaque année, leſdits Regiſtres feront clos & arrêtés par le Juge enſuite du dernier acte qui y aura été inſcrit, & les feuilles qui feront reſtées en blanc, par lui barrées.

XXXIII.

UN des doubles deſdits Regiſtres fera, dans les ſix ſemaines qui ſuivront la fin de chaque année, dépoſé au Greffe des Bailliages ou Sénéchauſſées, reſſortiſſant nuement en nos Cours, auxquelles reſſortiſſent leſdites Juſtices ; & à l'égard de ceux qui feront tenus au Greffe deſdits Bailliages & Sénéchauſſées, les doubles en feront envoyés par nos Procureurs éſdits Siéges à notre Procureur Général en la Cour où ils reſſortiſſent, lequel les dépoſera au Greffe de ladite Cour ; & pourront les Parties qui voudront ſe faire délivrer des Extraits deſdits Regiſtres, s'adreſſer ſoit au Greffe de la Juſtice des lieux, ſoit à celui du Bailliage ou de la Sé néchauſſée, ſoit à celui de la Cour où aucuns deſdits Regiſtres auront été dépoſés.

XXXIV.

SERONT tenus en outre les Greffiers de nos Bailliages & Sénéchauſſées reſſortiſſant nuement en nos Cours d'avoir un Regiſtre relié, coté & paraphé par premier & dernier, par le premier

Officier, à l'effet d'y enregiftrer, de fuite & fans aucun blanc, les difpenfes de parenté ou de publication de bans que ledit Officier aura accordées, enfemble celles qui auront été expédiées en notre grande Chancellerie, & adreffées auxdits Juges à cet effet ; pourra ledit Regiftre fervir plus d'une année ; mais à la fin de chacune, & le premier Janvier au plus tard de l'année fuivante, il fera clos & arrêté par ledit Juge.

X X X V.

SERONT tenues en outre les parties qui auront obtenu lefdites difpenfes, de les faire contrôler dans les trois jours au plus tard, au Bureau des Contrôles du lieu où ledit Siége fera établi, pourquoi il fera payé au Contrôleur dix fols : ne pourront au furplus être perçus fur les déclarations de naiffance, mariage ou décès, ni fur les extraits qui en feront délivrés, publications de bans, affiches & certificats defdites publications, aucuns droits de contrôle ni autres à notre profit ; defquels Nous avons expreffément difpenfé & difpenfons, tant nos Sujets, que les Etrangers qui feront parties dans lefdites déclarations, ou auxquels lefdits Extraits pourront être néceffaires.

X X X V I.

NE pourront, tant lefdits Curés ou Vicaires, que nos Officiers & ceux des Seigneurs, percevoir ,pour raifon des mêmes actes, d'autres &

plus forts droits que ceux portés au tarif qui fera attaché fous le contre-fcel de notre préfent Edit.

X X X V I I.

N'ENTENDONS au furplus déroger, par notre préfent Edit, aux conceffions par Nous faites, ou les Rois nos prédéceffeurs, aux Luthériens établis en Alface, non plus qu'à celles faites à ceux de nos autres Sujets, auxquels l'exercice d'une Religion différente de la Religion Catholique, a pu être permis dans quelques Provinces ou Villes de notre Royaume, à l'égard defquels les Réglemens continueront d'être exécutés. Si DONNONS EN MANDEMENT à nos amés & féaux Confeillers les Gens tenant notre Cour de Parlement à Paris, que notre préfent Edit ils ayent à enregiftrer, & icelui garder, obferver & exécuter felon fa forme & teneur, nonobftant toutes chofes à ce contraire : CAR tel eft notre plaifir ; & afin que ce foit chofe ferme, & ftable à toujours, Nous y avons fait mettre notre fcel. DONNÉ à Verfailles au mois de Novembre, l'an de grace mil fept cent quatre-vingt-fept, & de notre regne le quatorzieme. *Signé* L O U I S. *Et plus bas :* Par le Roi, LE Bᴼⁿ. DE BRETEUIL. *Vifa,* DE LAMOIGNON. Et fcellé du grand fceau de cire verte, en lacs de foie rouge & verte.

Regiftré , oui , ce réquerant le Procureur

Général du Roi, pour être exécuté selon sa forme & teneur ; & copies collationnées envoyées aux Bailliages & Sénéchaussées du Ressort, pour y être lu, publié & registré : Enjoint aux Substituts du Procureur Général du Roi èsdits Sieges d'y tenir la main, & d'en certifier la Cour dans le mois, suivant l'Arrêt de ce jour. A Paris en Parlement, toutes les Chambres assemblées, les Princes & Pairs y séants, le vingt-neuf Janvier mil sept cent quatre-vingt-huit.

Signé LEBRET.

De l'Imprimerie de N. H. NYON, Imprimeur du Parlement, rue Mignon, 1788.

TARIF annexé à l'Edit qui concerne ceux qui ne professent pas la Religion Catholique.

Au Curé ou Vicaire, pour la publication des Bans, soit qu'il y en ait trois, soit que les Parties ayent obtenu dispense d'une ou de deux publications, & compris le Certificat de publication, & le consentement vulgairement appellé Lettre de *recedo*, ci · · · · · · · · · · · · · · · · · · · 3ʰ ſ

Pour la déclaration de mariage, ci · · · · · · · · · · · · · · · · · · · 1 10

Pour celle du décès, ci · 10

Pour chaque Extrait de mariage, ou décès, comme pour les Extraits de baptême, de mariage & de sépulture des Catholiques, suivant les Réglemens.

Aux Officiers des Bailliages & Sénéchaussées ressortissant nuement ès Cours.

A l'Officier qui assistera à la publication des Bans, ci · · · · · · · · 2

Au Greffier, pour l'Affiche & le Certificat de publication, ci · 1 10

Au Juge, pour la légalisation du Certificat, si elle est requise, ci · 1

Au même, pour la commission rogatoire, s'il y a lieu, ci · · · · 2

Au Greffier, pour l'Expédition, ci · · · · · · · · · · · · · · · · · · · 1

Pour la déclaration de mariage, ci · · · · · · · · · · · · · · · · · · · 3

Pour celle de naissance, ci · 1

Pour celle de décès, ci · 1

Pour les dispenses de publication de Bans, au 1ᵉʳ Officier, ci · · 1 10

Au Greffier pour l'Expédition, ci · · · · · · · · · · · · · · · · · · · 15

Pour les dispenses de parenté sur vu de titres, au Juge, ci · · · · 3

Au Greffier, pour l'Expédition, ci · · · · · · · · · · · · · · · · · · · 1 10

Et s'il est nécessaire de procéder à une enquête, les droits ordinaires en sus.

Aux Officiers des Siéges Royaux non ressortissant immédiatement ès Cours & à ceux des Seigneurs.

Pour la publication des Bans, soit qu'il y en ait trois, ou qu'il y ait dispense d'une ou de deux publications :

Au Juge, ci · 2

Au Greffier, compris l'Affiche & le Certificat de publication, ci · 1 10

Pour la Commission rogatoire, s'il y a lieu :

Au Juge, ci · 1

Au Greffier, pour l'Expédition, ci · · · · · · · · · · · · · · · · · · · 10

Pour la déclaration de mariage :

Au Juge, ci · 2

Pour celle de naissance, ci · 15

Pour celle de décès, ci · 15

Pour les actes qu'ils délivreront, ci · · · · · · · · · · · · · · · · · · · 10

FAIT & arrêté par le Roi, étant en son Conseil, tenu à Versailles, le dix-sept Novembre mil sept cent quatre-vingt-sept. Signé LOUIS. *Et plus bas :* LE B.ᵒⁿ DE BRETEUIL.

Regiſtré, oui & ce requérant le Procureur Général du Roi, pour être exécuté selon sa forme & teneur ; & copies collationnées envoyées aux Bailliages & Sénéchaussées du Reſſort, pour y être lu, publié & regiſtré : Enjoint aux Subſtituts du Procureur Général du Roi esdits Sieges d'y tenir la main & d'en certifier la Cour dans le mois, suivant l'Arrêt de ce jour. A Paris, en Parlement, toutes les Chambres assemblées, les Princes & Pairs y séants, le vingt-neuf Janvier mil sept cent quatre-vingt-huit. Signé LEBRET.